1小时读懂青春期

女生版

〔英〕安妮塔·奈克 著
〔英〕萨拉·霍恩 绘
刘 畅 译

中国妇女出版社

目 录

什么是青春期？

如果你现在8岁了，在接下来的几年里，你将会发现自己身体的大变化——既有内部的，也有外部的。

青春期是指由儿童逐渐发育成为成年人的过渡时期，对于女生来说，青春期指身体从女孩变成女人的时期。虽然这听起来不可思议，但其实非常神奇。

女孩的青春期从8~13岁开始，有的女孩甚至会更晚一些。青春期不是一夜之间结束的，而是一个较长的过程。最终，从你的身高到体型，一切都会受到影响，甚至连你的脸部都会发生一些变化。

青春期是让你的身体发育成熟，为长大做准备。有时，经历青春期会让你感到难为情或尴尬，但是真的不必这么想，这是一个正常而又自然的过程。

青春期进度表

你的身体有自己独特的生物钟，只有在身体做好准备后，青春期才会开始。下面只是一个大致的时间表，它可以让你知道身体在什么时候会发生什么样的变化。

7岁

青春期一般不太可能在这个年龄前开始。

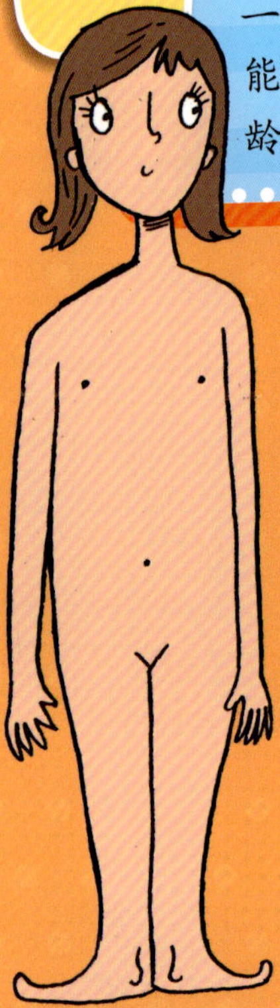

8~9岁

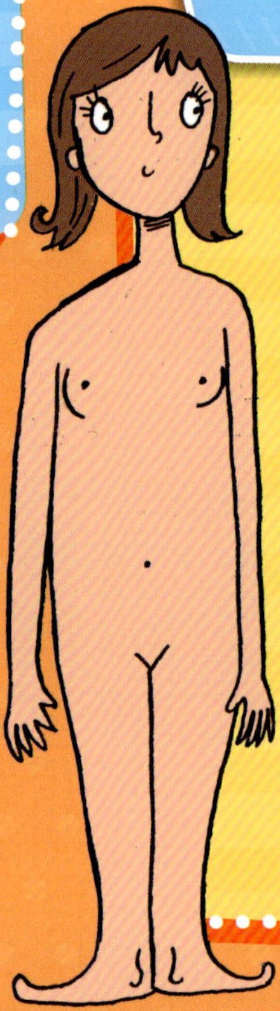

一旦青春期开始，你可能会注意到胸部的发育。这是一个非常缓慢的过程。最开始，你会发现乳头下面鼓起了一个小包。这是由雌激素引起的。雌激素是随血液流动的“信使”，促使你的身体发生变化。它们也可能会让你生气或哭鼻子。

10~11岁

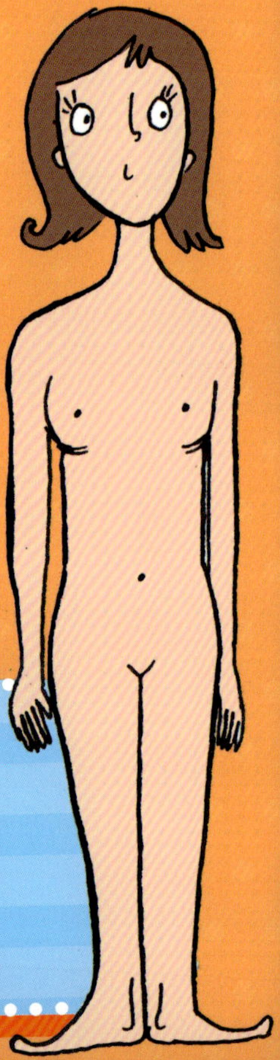

你的快速生长阶段开始了。从现在起到第一次月经来临，你大约会长高25厘米。经历第一次月经后，你还会再长高5厘米左右。在这个过程中，你的体型将发生变化，如胯骨变宽、大腿变粗、屁股变大。

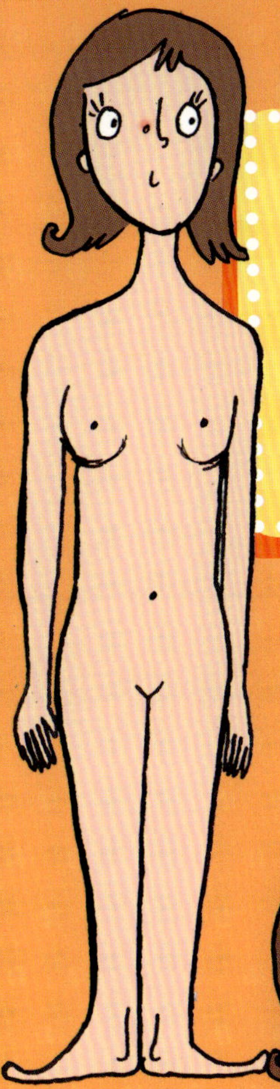

11~12岁

你的乳房将会继续发育，这个过程会一直持续到你17岁左右。月经可能出现在11岁之前，也可能出现在11岁之后。你也许会注意到，每个月来月经时脸上会出现痘痘，月经结束后，痘痘也就消失了。

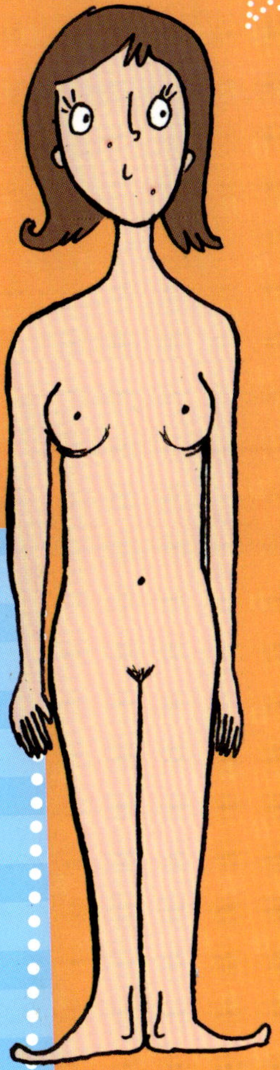

12~13岁

你会发现在你的私处和腋下开始长出毛毛。腿上的汗毛也可能会变多，颜色会变深。这些变化有时在乳房发育之前就开始了。当你运动时或天气炎热的时候，你可能会闻到身体散发的气味。这种气味是由汗液和皮肤上的细菌接触造成的，通常称之为“体味”。

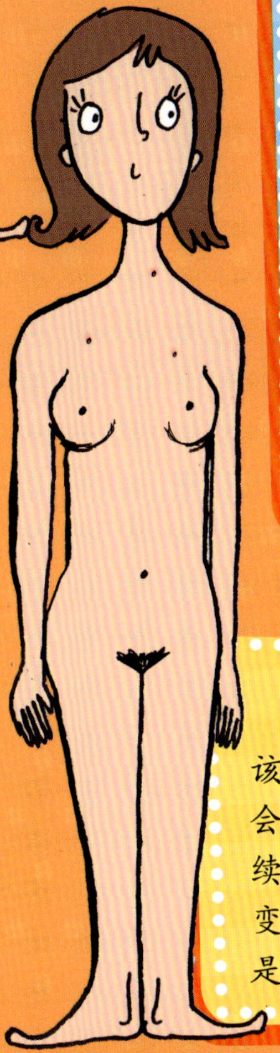

14~18岁

如果之前月经还没开始的话，这个阶段应该开始了；如果之前已经开始了，那这个时候就会有规律地每月来一次。你的身高和体重将会继续变化，乳房也会继续发育，你的心情会说变就变，痘痘也会激增。虽然这听起来令人烦恼，但是变成女人是件非常激动人心的事情！

是谁制造了青春期？

在青春期，你的激素会告诉身体该做什么。

激素（也叫荷尔蒙）是随血液流动的化学“信使”，正是它开启了青春期之旅的每一个阶段。

大脑中一个叫作下丘脑的部分会分泌促性腺激素释放激素（GnRH）。

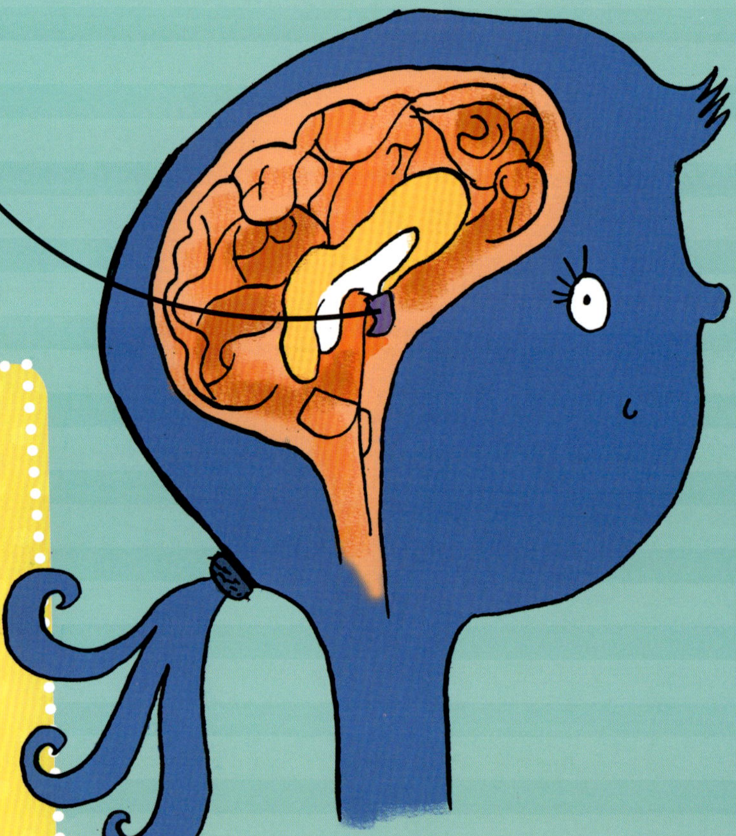

在你8岁左右，大脑开始产生一种叫GnRH的激素。这种激素会刺激大脑分泌另外两种激素。它们会向你的卵巢发出指令，让卵巢开始分泌黄体酮及其他雌激素，从而促使你进入青春期。

雌激素会促使你的乳房开始发育，让你身体的某些部位做好可以生小孩的准备，比如子宫（也就是小孩生长的地方）和输卵管（卵子通过这个部位到达子宫）。雌激素能让你的身体更加有曲线、更有女人味。黄体酮作为雌激素中的一种，能让月经来潮，使子宫内膜每个月都变厚。雌激素在你的青春期中扮演着重要的角色。

有很多关于雌激素和雄激素的讨论，实际上男孩和女孩都有这两种激素。男孩体内有一些雌激素，女孩体内也有一些雄激素（比如睾酮，它是肌肉和骨骼生长所必需的激素）。

为什么我的情绪好像与以前不同？

当上面说的这些激素在你的身体里流动时，它们就会干扰你的情绪，这是正常的。随着青春期的继续，这些激素的分泌会逐渐变得稳定，最后你几乎感觉不到它们对你的影响。

我的第一件内衣

乳房开始发育，通常是进入青春期的第一个标志。

通常女孩在9~12岁的时候，乳房开始发育。乳房的发育需要很长时间，大约5年才能发育成熟。

刚开始，乳房处于萌芽状态，只是在乳头下有个很小的隆起。然后，它们会逐渐生长并改变形状。你的乳头和周围会逐渐变大，颜色也会逐渐变深。当乳房完全长大时，就会变得圆溜溜的，乳晕和乳头就会变成位于顶部的小凸起。

在青春期，你可能会感觉到乳房隐隐作痛。这种疼痛是它们正在长大的信号。这时，你需要给它们一些支撑，少女内衣或许能帮助你。它们看起来就像露脐装，可以轻柔地支撑你的胸部。你可以和妈妈、姐姐，或者年纪稍大一点的朋友一起去买，让她们帮你挑一款舒服的内衣。

有关乳房的小知识

★乳房的大小和形状各不相同，乳头的颜色也各不相同。

★不管是哪种活动或运动，都不会使你的乳房发育得更快、更大或更小。你的乳房是独一无二的，并且是按照它们自己的时间表发育的。

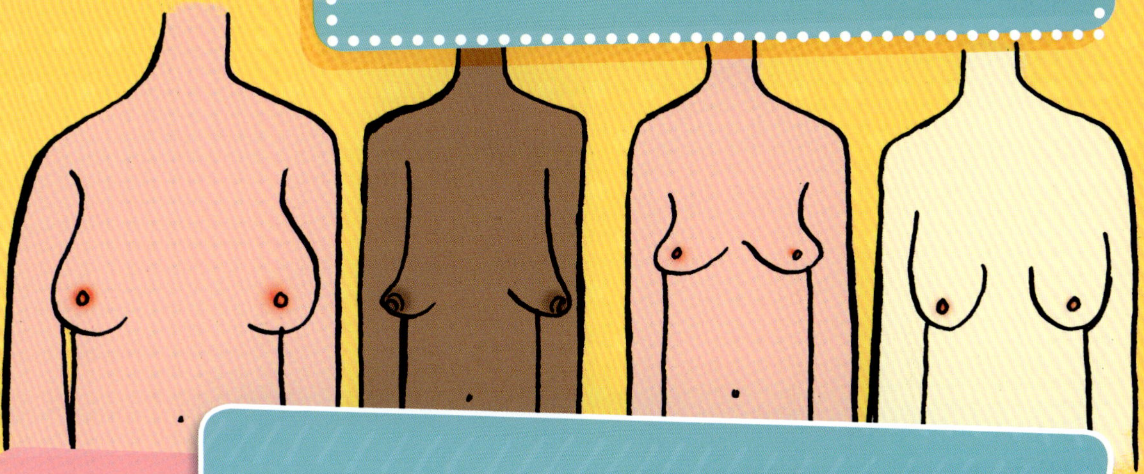

为什么我的乳头向内凹陷？

这叫作乳头内陷，也就是说你的乳头没有高于乳晕所在的平面。大约三分之一的人天生如此，不必担心。

先长高还是先变胖？

处于青春期的你往往会遇到这样的奇怪现象：你和你的朋友年龄相仿，但外表给人的感觉却非常不一样。

在青春期，我们的身体有着自己独特的成长路线，这就是为什么你的一些朋友突然看起来身材曲线很美，一些朋友突然长得很高，而另一些朋友则仍然娇小。每个人的身高、体重、毛发多少和胸部大小都不一样。

如果你因为最先长高或乳房最后开始发育而感到难为情，那么请记住，青春期并不是一场赛跑，你现在的样子并不是你青春期结束时的样子。放轻松，让一切按照自己的速度去发展。

你的身高受遗传因素的影响较大，也就是从父母那里继承的身体特征。因此，如果你想大致了解自己青春期结束时的样子，可以看看父母双方家庭中女性的身高。

会发生什么事情？

★9岁左右，你会迅速长高很多。

★你的胳膊和腿会比身体的其他部位先长。

★在第一次月经开始前6个月，大多数女孩会达到她们身高增长的高峰。如果你突然迅速长高了，说明你的月经可能就要开始了。

为什么我的体重会增加？

青春期时，你的体重大约会增加7千克，臀部会变宽，大腿会变粗，胸部会变丰满。体重增加是正常的，只有体重增加了，你的身体才能健康成长。

恼人的痘痘

没有什么比皮肤上出现一些痘痘更能表明你的成长速度了。

痘痘可能会让你感到痛苦，下面教给你一些控制痘痘生长的方法。

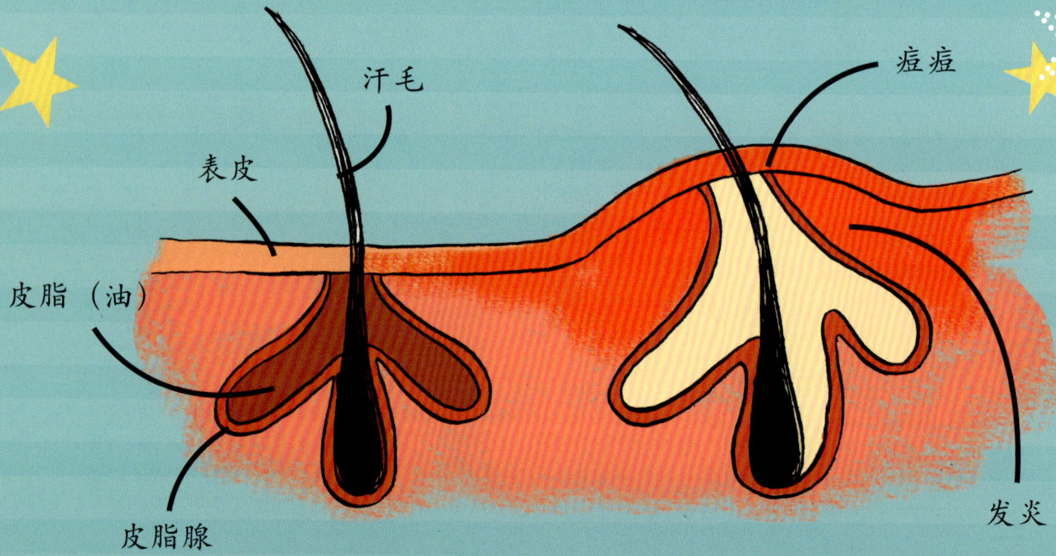

痘痘的学名叫作“痤疮”，因为青春期较容易长痘，所以它又被称为“青春痘”。进入青春期，你体内的雄激素水平升高，使得一种叫作皮脂的特殊油脂大量产生。适量的皮脂能使你的皮肤滋润光滑，但过量的皮脂会堵塞皮肤上的毛孔，甚至形成痘痘：如果皮脂在毛孔中堆积、凝固，就会形成黑头（开放性粉刺）；如果皮脂被细菌感染，毛孔就会发炎红肿，形成痘痘。

你在青春期长不长痘痘，什么时候长痘痘，会受某些因素的影响。比如，月经初潮时，激素水平的飙升可能会导致痘痘大爆发；基因也会发挥作用，如果你的父母在青春期长青春痘，你很有可能也会长。

战“痘”小贴士

★不要抠或弄破它们，否则会伤害你的皮肤。如果这些伤口被细菌感染，会让你的痘痘变得更严重。

★向药剂师咨询最适合你的护肤产品，在确定它是否有效之前至少要使用4周时间。

★如果你的痘痘很严重，去看医生会更有帮助。如果痘痘严重到对你造成困扰，就去看医生，看看有什么可以缓解的药物。

生长纹是什么？

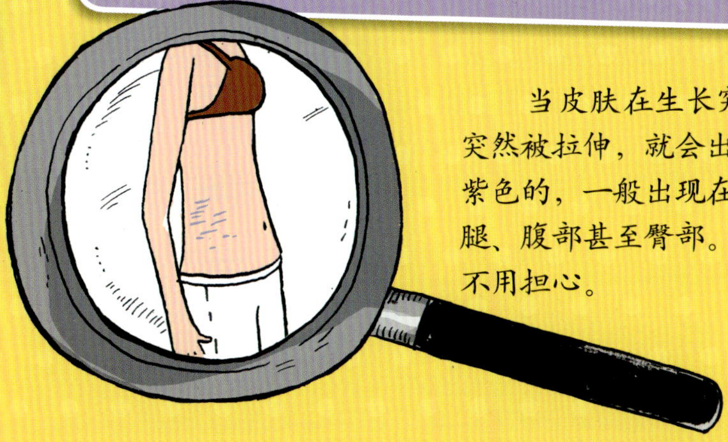

当皮肤在生长突增期间（快速生长阶段）突然被拉伸，就会出现生长纹。它们是红色或紫色的，一般出现在你的身体两侧、背部、大腿、腹部甚至臀部。生长纹会慢慢消失，所以不用担心。

为什么身体会有味儿？

汗腺遍布我们全身的皮肤，当我们热的时候，汗腺会释放汗液来给我们的身体降温。你还是小孩的时候还没太注意到这一点，一旦青春期到来，你就会注意到。

青春期会让你的汗腺发育更成熟，使它们的分泌更旺盛。你会开始注意到，你和你的朋友比以前更容易出汗。你会看到它在你的脸上，会感觉到它在你的腋下，在炎热的日子里，你还会发现它沿着你的皮肤流淌。

当你紧张、尴尬、四处走动或者睡觉时，你都可能会流汗。流汗并没有什么不好，你的身体需要它来降温。然而，当汗与潜伏在你皮肤上的细菌接触时，就会散发出气味。如果你没及时洗澡，你的身体就会产生所谓的体味。

当你出现以下情况时，流汗过多是正常的：

★ 感到热
★ 吃辣的食物
★ 运动
★ 感到生气或焦虑
★ 月经快来了

减轻或避免体味的方法有：注意个人卫生，每天洗澡；使用止汗除臭剂来控制出汗的量（要注意选择对健康没有危害的产品）；每天换干净的外套和内衣。

为什么我感觉到我的下体在出汗？

和腋下的情况一样，如果你没有每天清洗下体，它就会因为出汗产生难闻的气味。然而，不能在这个敏感的区域使用止汗剂，用清水清洗就可以了。

新长了毛毛怎么办?

如果发现身体某些地方新长出了小绒毛，不要担心，这是青春期发育的一部分。

你能看到，以前皮肤上光溜溜的地方，比如腋下和两腿之间，会逐渐长出毛毛。在手臂和腿上，毛毛也会变多，颜色还会变深。不要担心一夜之间会长出许多体毛来，青春期的体毛生长是很缓慢的。

起初，这些新长出来的毛毛又细又软，你可能会觉得有点儿痒，但这种情况很快就会过去。最后，这些毛毛会变得更粗、更硬一些。

有的人身体上的体毛很多，有的人则没那么多，这些都是正常的。不过，有人可能会对此很敏感，所以最好不要拿这个开玩笑。

体毛是很神奇的！它可以帮你的身体保持一个恒定的温度，这一点在青春期非常重要。当你感到冷的时候，体毛可以帮你维持体温；当你感到热的时候，体毛可以帮你排出汗液。而且，体毛还能保护你敏感的部位。

你可能注意到一些年龄稍大的女孩选择把腋毛和腿上的体毛剃掉，或用蜜蜡进行脱毛。从健康角度看，没有必要这么做，你可以跟你的父母或姐姐商量一下，让他们帮你做出合适的选择。

有关体毛的小知识

★在不同的身体部位，毛发的生长变化是不同的。例如，私处的阴毛很短，但你的头发可以长得很长。

★你头发的颜色可能会和其他体毛的颜色不太一样，不必在意。

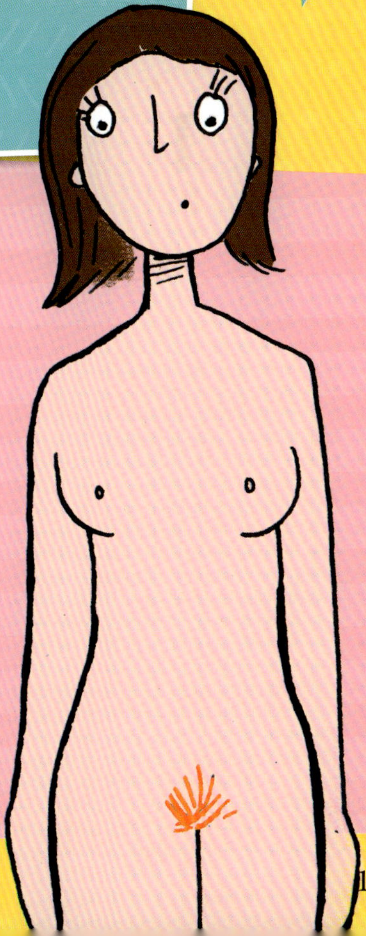

女孩成熟的秘密

你的身体内外都有女性性器官，其中一些也会在青春期发生变化。

了解它们有助于你理解女孩为什么会来月经。

内部性器官

卵巢

每个女孩都有两个卵巢，在青春期，它们会长到核桃般大小。自从你出生以来，卵巢一直储存着你的卵子。在青春期，每个月卵子都会在激素的作用下变得成熟，然后就会从卵巢排出，这个过程就叫作“排卵”。

输卵管

它是连接卵巢和子宫的一对管道。在排卵期，卵子会通过其中一根开始旅行。

子宫

子宫是女性生殖器的一部分，是一个梨形器官。卵子受精后，在子宫内发育成胎儿。随着胚胎长大，子宫也会自然伸展。

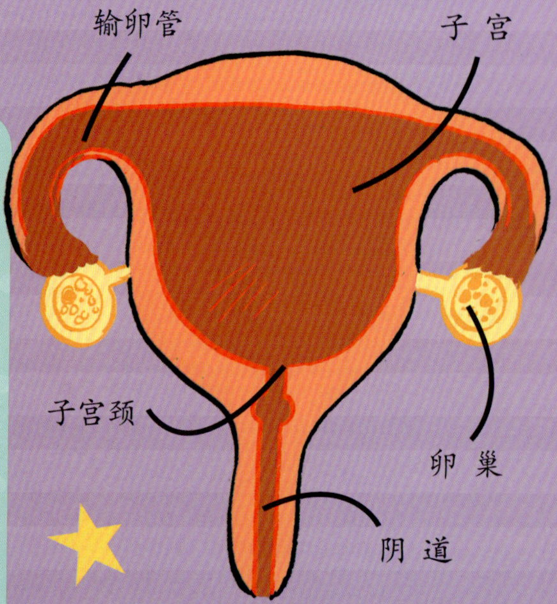

子宫颈

它是子宫下端长而狭细的部分，通向阴道。

阴道

它像一根由肌肉做的管子，一端通向子宫，另一端通到体外。阴道壁很有弹性，胎儿都是通过它生出来的。

外部性器官

在你的身体内外都有性器官，你的外部性器官叫作“外阴”，主要包括以下几部分。

阴道口

阴道口是阴道的开口。在青春期，它会被阴毛覆盖。

大小阴唇

它们是保护阴道口的皮肤褶皱。在青春期，它们会和你身体的其他部位一起生长。

阴蒂

阴蒂是位于两侧小阴唇汇合处顶端的一个小器官。

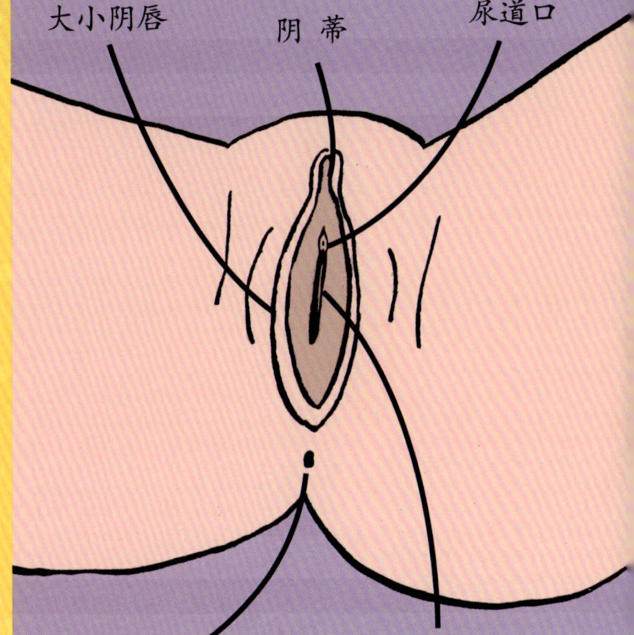

你的小便是从一个叫作尿道的地方流出来的。你的大便离开身体的出口叫作肛门。这些地方不会受到青春期的影响，但是了解自己的身体是成长中很重要的一个部分。

“大姨妈”是谁？

这里说的“大姨妈”不是你妈妈的姐姐，而是你每个月都要见面的好朋友。它的学名叫作“月经”。月经是一种正常而自然的生理现象，更是一个你需要适应的巨大变化。了解月经可以帮你做好心理准备，当真正来月经时就可以从容应对。

当你的生殖细胞发育成熟后，你的月经就开始了。

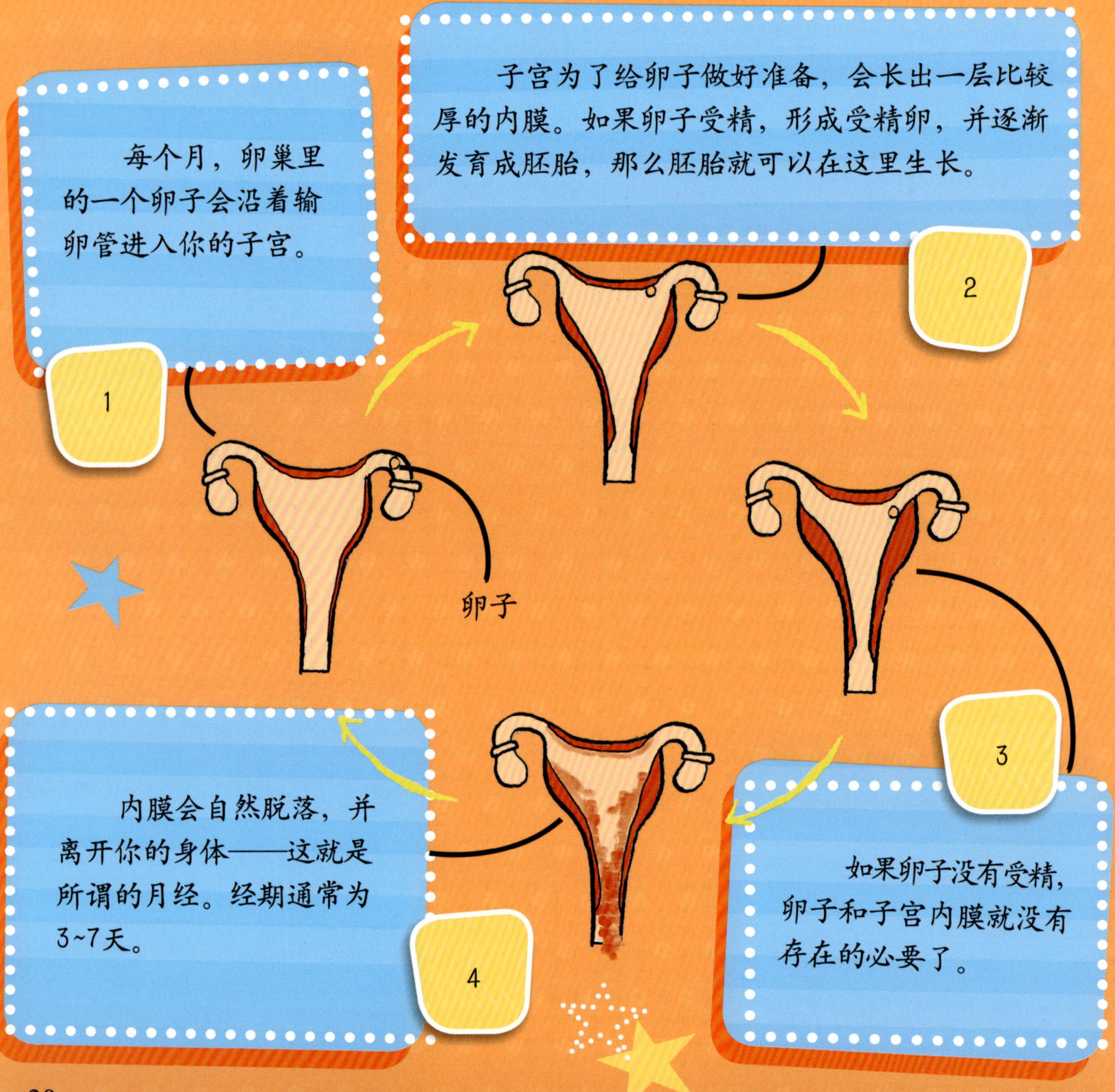

记住，当你来月经的时候，虽然会流血，但你并没有生病。这是每个女性每个月都会出现的自然现象。直到你50岁左右，它才会退出你的生活（怀孕时期除外）。一些女孩觉得来月经很可怕。如果你也这样认为，那就去找人聊聊，可以去问问你的妈妈、阿姨或者姐姐，不要怕，月经是人生中很正常、很自然的一件事。

在生活中，月经有很多别称，除了“例假”，还有“月事”“好事”“大姨妈”等。

我会流失多少血？

在一次月经中，每天流失的血量是不一样的，虽然有时看起来好像特别多，但是别担心，通常每次月经的总量大约只有4汤匙（约50毫升）。

“大姨妈”的那些事

在经期，比较麻烦的事就是处理经血。

通常情况下，月经开始的时候，流血较少，到第二、第三天的时候会变多，然后再变少，直到经期结束。有两种东西可以帮助你处理它们。

卫生巾

卫生巾是吸收经期血液的吸水垫，它们的背部可以粘在内裤上。卫生巾是一次性的，用起来比较舒服。它们有不同的厚度和大小，以适应流量较少和较多的日子。卫生巾需要经常更换，避免滋生细菌或弄脏衣服。

卫生棉条

卫生棉条是一种圆柱形的吸收材料，它能放入阴道，吸收阴道内的血液。卫生棉条放好后，你根本感觉不到它的存在，也感觉不到流血。吸收率不同的卫生棉条，可以适应不同的血量，棉条插入器可以帮你轻松地把它放好。

许多女生更喜欢用卫生棉条而不是卫生巾，不过开始使用的时候，卫生棉条看起来会稍稍有点吓人。如果你想试一下卫生棉条，那就等到你月经流量最多的时候，因为这个时候会更容易操作。

从小号的开始，按照盒子里的说明来做。如果第一次没有成功，也不要担心，紧张会让事情变得更困难，所以放松下来，稍后再试一次。

卫生棉条会在身体里“走丢”吗？

不会，因为它们无处可去。卫生棉条进入阴道，到达子宫颈顶部。子宫颈有一个很小的开口，它太小了，卫生棉条是不可能进到那里的。但是，如果你对使用卫生棉条感到焦虑，那就还是用卫生巾吧。

轻松搞定“大姨妈”

月经又叫“大姨妈”，你可能听说过经历月经是件既麻烦又痛苦的事。其实，你不必因为别人的说法而感到担心。

只要找到适合自己的方法，就能轻松应对它。

怎么计算月经周期？

月经通常每28天，也就是4周来一次。这段时间被称为月经周期。周期从月经开始那天算起，往后数28天，就是下一次月经开始的时间了。然而，在青春期，你可能会发现你的月经周期更长或更短。到青春期结束时，你的月经就会更有规律了。

痉挛和疼痛

来月经的时候，子宫的肌肉壁会通过挤压或收缩排出血液，这叫作“经期痉挛”，可能会很疼，但这是正常的，并且对你的身体有帮助。在肚子上放热水袋或出去散步能减少痉挛。止痛药也有帮助。你可以问问父母的建议。

有关月经的谬论

×“别人会知道你什么时候来月经。”

错误：除非你告诉他们，否则没有人会知道。

×“当你来月经时，你不能运动。”

错误：你可以适当地运动，但应避免做剧烈运动。唯一需要你做更多准备的运动就是游泳，游泳时需要使用卫生棉条。

×“在水里月经会停止。”

错误：无论是泡澡或游泳，月经都会继续，所以如果你要泡在水中，一定要用卫生棉条以保持清洁。

四分之三的女性都有经前期综合征。

为什么来月经前后我的情绪会失控？

经期前后，激素水平的升降会导致情绪易波动（如暴躁、悲伤和哭泣），以及身体的不适（如长痘痘、痉挛或头痛）。这被称为“经前期综合征”。

症状通常会在月经开始前5天出现，并在月经期间消失。如果你感觉情绪低落的话，可以做一些自己喜欢的事放松一下，直到经期结束。

性行为是怎么回事？

青春期的到来，意味着你的身体在为将来某一天生小孩做准备。是否要生小孩，由你自己来决定，但你的身体已经做好了准备。

不管你的身体是怎么打算的，生小孩可能是你此刻最不关心的事情！即便如此，了解什么是性行为，以及胎儿是如何形成的，也很重要，这样你就能了解身体正在发生的新变化。

很多人觉得谈论甚至提到性这个话题就会很尴尬，但性行为是彼此相爱的成年人之间的一种正常行为。

在性行为中，两个彼此相爱的人，会想要离彼此更近一些，甚至想要融为一体。这个过程会让两个人都感到愉悦和兴奋。

当男人达到兴奋的顶峰时会射出精液。精液中含有数百万的精子，这些精子会游进女人的体内寻找卵子。

性行为不仅仅是为了怀孕生小孩，也是成年人彼此相爱时所做的事，因为这是他们表达感情和感觉良好的一种方式。

不要把性行为太当回事

你第一次听到“性行为”这个词的时候，可能会很震惊，但这在彼此相爱的成年人之间是很正常、很自然的事情。在你还没有准备好的时候，不需要对这件事想太多。等你长大后，性行为可能会是一件自然而然的事。

小孩是怎么来的？

男性体内的精子必须与女性体内的卵子相遇并结合，才能生小孩。

生小孩看起来可能非常神秘，我们不妨来揭秘身体在这个过程中会发生什么事情。

胎儿是怎么形成的？

如果男性的精子与女性的卵子结合了，就被称为“受精”。然后，受精的卵子就会发育成胚胎，并在女性体内的子宫里安顿下来。

当成年人不想生孩子时，他们可以采取避孕措施。避孕措施各种各样，都可以阻止精子和卵子相遇或不让卵子受精。

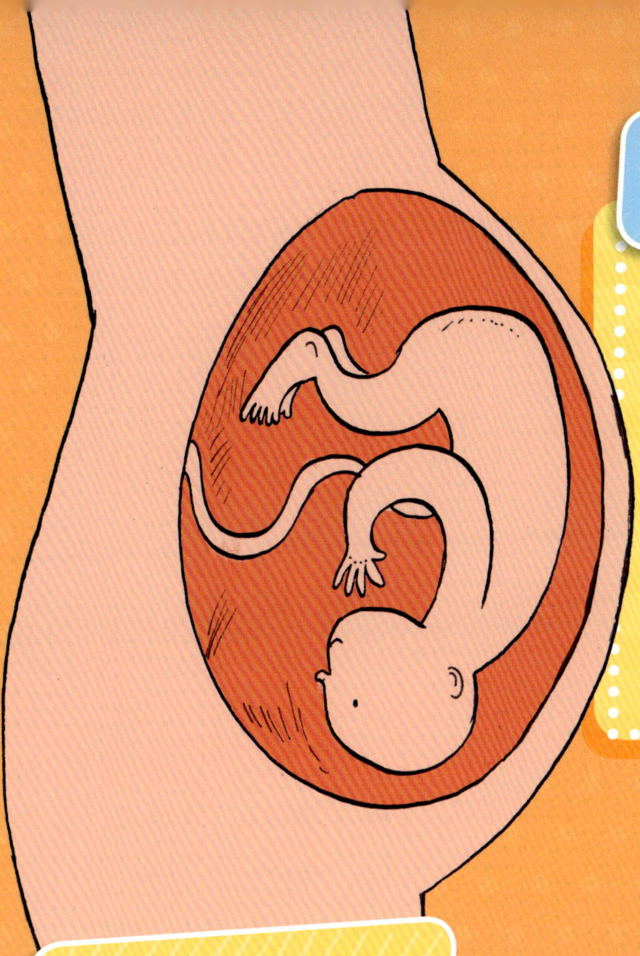

怀孕

怀孕是指母亲体内有胚胎发育成长的过程。这个过程一般会持续9个月。在这段时间里，胚胎将发育成胎儿。正在发育的胎儿会把子宫撑大，所以女性在怀孕的时候，肚子会隆起。

分娩

生孩子的过程被称为分娩。准妈妈可以通过阴道分娩，也可以在医院通过一种叫作剖宫产的外科手术，把胎儿取出来。

女孩的新感觉

你的情绪起伏不定，这跟青春期有很大关系。

成长并不容易。你可能开始感觉到自己被别人吸引，这时正在你身体里奔流的激素会让你的情绪变得复杂。

特别的感觉

进入青春期后，开始想更多关于性的事情是完全正常的。一些女孩发现她们开始被从未想过的人吸引，比如住在附近的男孩。如果这种情况发生在你的身上，你可能会想象亲吻他们或者与他们有肌肤接触。这是一种探索新感觉的安全方式，但在你准备好之前，不要让任何人强迫你与之约会或亲吻。你也可能会发现自己对任何人都不感兴趣。这也很正常，完全不必担心。

情绪的“七个小矮人”

喜怒无常、闷闷不乐、脾气暴躁、爱生气、爱哭鼻子、昏昏欲睡、厚脸皮，它们或许听起来像是白雪公主的七个小矮人，但其实是你在青春期会感受到的几种情绪。有时候，成长的过程会很艰难，也可能会让你同时感到困惑、愤怒和不安。激素还会改变你的感受，有时会让你疲倦、想哭和过度敏感。所以人们常说情绪和青春期似乎是密切相关的。

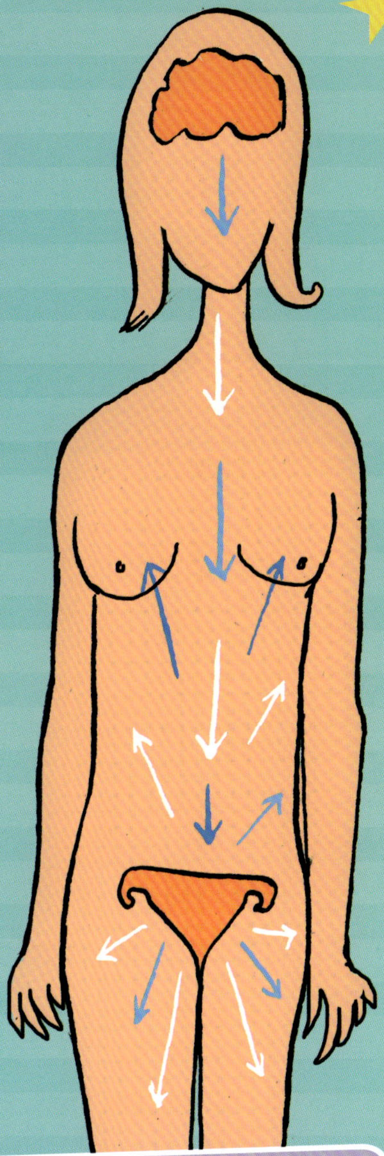

想象一下激素正在你的身体里四处乱窜，这样你会更加容易理解为什么你的情绪容易出现波动了。

我的情绪什么时候能稳定下来？

雄激素和雌激素的一个作用就是重新连接大脑的情绪区域。一旦你的激素完成工作任务，你的情绪波动就停止了。

我要做自己

自尊会影响你的行为方式以及对待自己身体的态度，所以照顾好自己很重要。

身体意象是指你对自己的看法和感受到的别人对你的看法。在一切都在改变的时候，接受它们是需要时间的。你可能会觉得自己太高了或太矮了，皮肤不好或长得太胖。有一点是确定的，那就是你肯定会把现实想象得更糟糕。

当你情绪低落的时候，要记住：你现在的样子并不是你青春期结束后完全长大的样子。

当你感到沮丧的时候，要记住：你还是那个你。无论你有多高，胸部有多丰满，体重有多重，这些都不能定义你是谁。

想要让自己感觉好一点的话，可以试试这些方法：

★想想自己擅长什么，比如艺术或是体育。把注意力放在积极的事上。

★不要把时间浪费在跟别人比较上，那只会带来痛苦。

★如果感到沮丧的话，就去找人聊聊。聊天真的很有帮助。

★找找看，是什么在侵蚀你的自信心。是一个说话刻薄的朋友，还是你看的电视节目，或者是你在社交媒体上读到的文章？无论是什么，远离他们。

★相信自己。不要在尝试之前就劝自己放弃。这是自信心不足的表现。

★不要过度关注明星，在心情低落和经历青春期时，他们并不能给你太大的帮助。

每个人的成长经历不同，想成为怎样的人由你自己决定。在青春期不太容易保持自信，但是诚实面对自己以及把自己最好的一面展现给他人，会让成长更顺利。

我的情绪我做主

有的时候你不知道该怎么处理变化的情绪，这没关系。

在青春期，你会学到如何应对紧张的情绪，就像是花时间了解你的身体一样。以下是一些能帮到你的小贴士。

说说你的感受

这可能很难，因为有时候你并不知道自己的感受。记住，你不必把自己的心事说出来。只需告诉他人你情绪低落或者在闹情绪，告诉他们你需要什么，即使只是短暂的休息。当你感到烦躁不安时，要老实说出来。假装勇敢或对每个人发火，只会让情绪变得更坏。

与父母聊聊

父母并不会读心术，如果你不告诉他们你感到难过、沮丧或是度过了糟糕的一天，他们是不会知道的。告诉他们你想单独待一会儿，或者想要一个安慰的拥抱，他们会理解的。

放松

这并不是说让你花上几小时看手机或与朋友在一起，而是真正地放松一下。青春期需要耗费很多的能量，有时会让你感到疲倦和厌烦。花点时间放松一下真的很重要。

哪些行为对你缓解情绪波动没有帮助？

★饮食习惯不好：在青春期，吃得不好或不吃饭会让你缺少能量，导致情绪波动，容易与人发生争吵。

★把自己的感受藏在心里：不把自己的感受告诉别人往往会让你更愤怒、更悲伤。

★缺少睡眠：如果每晚没有睡够10小时，你就会很难控制自己的情绪。

吃，是件重要的事

如果想让自己感觉良好，那么在青春期吃得好是至关重要的。健康的饮食能帮助你减少情绪波动，让你的身体更好地发育。

随着年龄的增长，有越来越多的食物可供挑选，尤其是当你外出的时候，吃快餐或垃圾食品的欲望会更强烈。

如果你希望自己健康，就需要每天吃三顿主食，包括水果、蔬菜和含有大量蛋白质的肉类、豆类或蛋类。这就是说，你应该拒绝没有营养价值的食物，比如碳酸饮料、饼干和薯片。

你或许比较幸运，无论吃什么都一直那么苗条，但是吃垃圾食品会让你浮肿和感到懒散。

为了满足青春期快速生长的需要，你会变得更容易饿，需要吃更多的东西。

在青春期，许多女孩不喜欢看到自己的身体发胖或变得更有曲线。虽然这些变化是正常的，但可能会使一些女孩认为自己必须节食或不吃饭。

不必担心自己该吃什么和有多重。如果担心，就去和父母聊聊，并向医生寻求科学的建议。另外，朋友之间流行的减肥方式对你的健康可能是有害的。

如果担心朋友饮食失调怎么办？

当人们过度关注自己吃什么的时候，就会出现饮食失调的情况。饮食失调包括：暴饮暴食、催吐或是绝食。如果你觉得朋友有饮食失调的情况，就告诉信得过的大人，让他们帮助她。

一起来运动吧！

在青春期，运动是身体健康很重要的一个部分。

如果你是健康的、精力充沛的，你就会感觉更好，也会更加自信。

在青春期，运动的作用有很多，比如可以让你保持健康的体重，减少压力，睡得更香，更加有活力。运动还能增加肌肉的力量和骨骼的强度，让心脏保持健康。

可惜的是，一些研究显示，在青春期，女孩们会变得越来越不活跃。主要原因是难为情、讨厌体育运动或者上体育课换衣服时感到不好意思。

1小时听起来时间很长，如果分开的话就不长了：

走路去学校，20分钟。

骑自行车去逛逛，10分钟。

在房间里跳跳舞，10分钟。

从学校走回家，20分钟。

就算你不是校队队长，保持活跃也是很容易的。只要一天能运动30~60分钟就可以，无论是骑自行车去学校、跑着赶公交车，还是游泳之类的运动，都可以。

什么运动最适合我？

处在青春期的你，身体正在经历变化，所以可以尝试很多不同的运动，看看哪个最适合自己。如果曲棍球不合适的话，可以试一下这些：

★滑冰　　★骑自行车
★跳舞　　★武术
★跑步　　★滑板
★游泳　　★攀岩

保护隐私很重要

在青春期的时候，你会感到自己的隐私变多了。

你正在成为一个独立的个体，这意味着你可以决定是否把自己的事情告诉别人，以及用怎样的方式告诉别人。

保护隐私就意味着你不再像小时候那样会把所有的想法和感受都告诉父母了。而且，或许你也不想跟他们在一起待那么长时间。这些都是正常的，并不需要担心。成长意味着你是一个独立的个体，你可以选择告诉别人什么，展现给别人什么。

或许你开始想保护身体的隐私，不想在别人面前换衣服。你还可能会讨厌别人对你评头品足，听到别人说“你真是长大了啊”或“你的个子长这么高了”时，甚至会感到生气或难过。

大人们经常会忘记，你在适应身体变化的同时很容易变得敏感。所以，如果你不想让家人关注你的身体，就告诉他们。对其他隐私，也是这样。你或许需要提醒别人，特别是你的父母，你正在长身体，洗澡的时候不想让其他的兄弟姐妹也在卫生间里。

你的私处是你自己的，任何人都不能要求看或碰那里。不过如果你对那里有什么担心的话，应该让母亲或医生看看。

男孩也有青春期

男孩没有月经，但他们的身体也要经历青春期。

和女孩一样，这些变化也会影响到男孩。男孩的青春期通常比女孩的晚一些，所以你认识的一些同龄男孩会比女孩矮或看起来年纪更小。

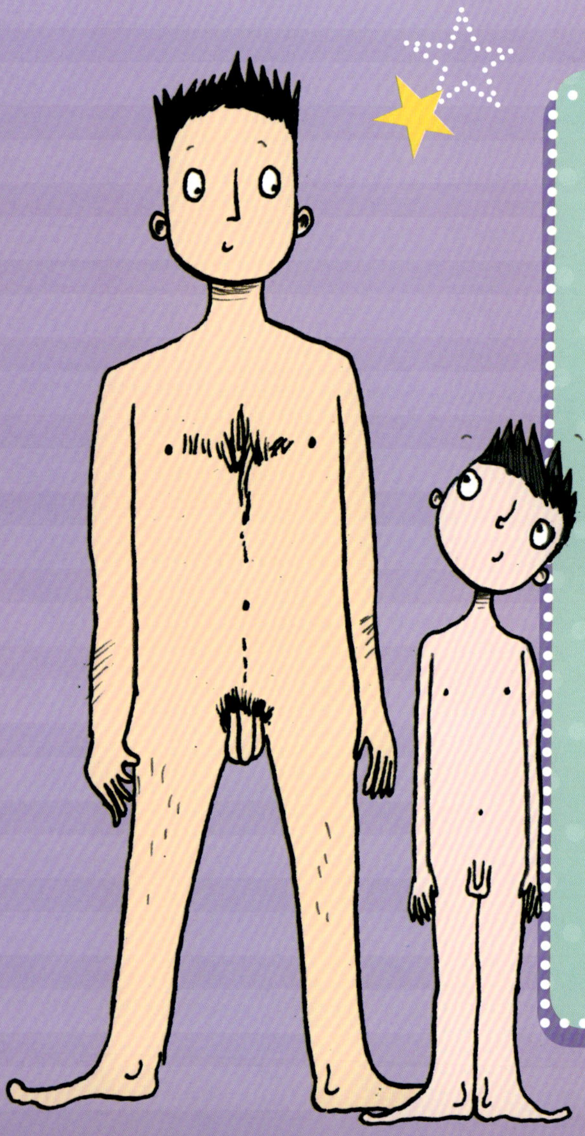

从12岁左右开始（有的人早一点，有的人晚一点），男孩会出现由性激素特别是睾酮引起的内在和外在的变化，这些变化会导致：

★生长突增。这让他们快速长大、长高，肌肉增多。

★毛发增多。脸上会长出胡子，下体会长出阴毛，其他部位的体毛也会变多。

★声音会变得更加低沉。

★性器官会长大，睾丸会开始产生精液。

★阴茎会有勃起（阴茎变硬），有的时候是没有原因的。

男孩的声音会在青春期变得低沉，这是因为他们的喉部在生长，并且甲状腺软骨变得靠前了。正是这些原因，他们的喉咙处会有一个明显的凸起（喉结）。

所有这些变化都是缓慢出现的，但是男孩的生长变化比女孩要快。在生长突增期，女孩一年会长高约5厘米，而男孩是女孩的2倍左右！这就意味着，有的男孩会有一个看起来又瘦又高的阶段。

为什么男孩的脚那么大？

身体的各部分不是同时变化的。处于青春期的男孩，骨骼的生长是从脚开始的。

男孩在青春期也烦恼

你可能会觉得青春期的男孩就像外星人。

既然男孩们没有月经，你可能会认为他们的成长会轻松一点。如果你这么想的话可就错了。

和女孩一样，男孩也会经历身体和情绪上的一系列变化，会感到无助和担心。然而在成长过程中，男孩为了表现出自己很勇敢的样子，有时会比女孩更有压力。很多男孩不会说出自己的感受，他们的想法和担心会积压在心里，甚至会压垮他们。

男孩比女孩更加容易长痘痘，因为他们体内的雄性激素——睾酮更多。他们的脸上、胸前和后背都可能会长痘痘，他们可能会因此感到难为情、不自信和烦躁。

有人认为，所有男人都应该是又高又壮的，所以如果男孩子身材瘦小或者青春期来得晚的话，这段时间就会比较难过。但是，男孩不应该被迫认为自己必须又高又壮。无论男孩还是女孩，青春期都有自己的生长发育速度。

女孩不要觉得只有自己的青春期不好过。男孩和女孩一样，也需要理解和善意的关怀。你是可以帮到他们的，比如，不去嘲笑他们变声后的声音、飞快的增长速度或者新长出的胡须。

为什么我比所有的男孩都高？

女孩比男孩先进入青春期。女孩会在10岁左右经历生长突增，男孩在12岁左右才会经历。所以有几年的时间，女孩普遍比同龄的男孩高。到14岁时，男孩的身高就会追上女孩的，有很多男孩甚至会超过女孩。

词汇表

激素　人和动物内分泌腺分泌的物质的统称。它是开启青春期的化学“信使”。

痘痘　学名为“痤疮”，在青春期，多生在人的脸上，为圆锥形的小红疙瘩。

月经　由子宫内膜脱落导致的周期性出血的生理现象。

卵巢　女性的生殖腺。每个女性有两个卵巢。

子宫　是女性生殖器官的一部分。卵子受精后，在子宫内发育成胎儿。

阴道　是女性生殖器官的一部分。它是用来连接子宫和外生殖器的肌性管道。

排卵　月经期间成熟卵子从卵巢中排出的过程。

卵子　卵巢里产生的女性生殖细胞。

受精　卵子和精子相结合而形成一个新的细胞的生物学现象。

精液　男性生殖器分泌的含有精子的液体。

精子　睾丸中产生的雄性生殖细胞。

睾丸　也被称为“精巢”，是产生精子的地方。

图书在版编目(CIP)数据

1小时读懂青春期：女生版/（英）安妮塔·奈克著；（英）萨拉·霍恩绘；刘畅译. -- 北京：中国妇女出版社，2020.6

书名原文：The Girls' Guide to Growing Up

ISBN 978-7-5127-1862-3

Ⅰ.①1… Ⅱ.①安… ②萨… ③刘… Ⅲ.①女性－青春期－健康教育 Ⅳ.①G479

中国版本图书馆CIP数据核字(2020)第071063号

著作权合同登记号 图字：01-2020-1700

1小时读懂青春期（女生版）

作　　者：〔英〕安妮塔·奈克 著 〔英〕萨拉·霍恩 绘 刘 畅 译
责任编辑：陈经慧
封面设计：秋千童书设计中心
责任印制：王卫东
出版发行：中国妇女出版社
地　　址：北京市东城区史家胡同甲24号 邮政编码：100010
电　　话：（010）65133160（发行部） 65133161（邮购）
网　　址：www.womenbooks.cn
法律顾问：北京市道可特律师事务所
经　　销：各地新华书店
印　　刷：北京尚唐印刷包装有限公司
开　　本：170×230 1/16
印　　张：3
字　　数：12千字
版　　次：2020年6月第1版
印　　次：2020年6月第1次
书　　号：ISBN 978-7-5127-1862-3
定　　价：36.00元